LES IDÉES SUR DIEU

DANS L'ANCIENNE ÉGYPTE

Par E. AMÉLINEAU

Maître de conférences à l'École des Hautes Études.

Mesdames et Messieurs,

Le sujet de la conférence que je vais avoir l'honneur de vous faire vous demandera une attention spéciale, car il va vous transporter loin, bien loin des pensées modernes, des pays que vous connaissez avec leurs grands philosophes, leurs sages, leurs doctrines parfaitement étudiées, pour vous conduire dans un pays petit par ses dimensions géographiques, resté réfractaire, malgré tous les efforts faits et l'inquiétude qu'il occasionne aux divers gouvernements de l'Europe, à toutes nos idées, et qui cependant nous a dotés le premier de la plupart des idées dont la possession nous rend à bon droit si fiers et nous permet d'aspirer à un avenir encore plus brillant. Je vais vous faire entrer dans cette terre d'Égypte, à une époque dont le lointain nous paraît effroyable et vous y trouverez une société déjà toute constituée six mille ans au moins avant notre ère ; il n'y a pas un autre peuple ayant passé sur la surface de notre globe qui puisse nous présenter des monuments certains, authentiques, remontant à une période aussi reculée. Ces monuments, ce sont les pyramides, et non seulement les trois pyramides que tous les voyageurs connaissent, mais celles qui sont éparses dans la région de l'Égypte qui part, au nord, des monuments de Gizeh et monte presque plus loin que le

Fayoum, s'étendant ainsi sur un espace de plus de trente lieues. L'Egypte n'est plus la terre muette gardée par les sphinx énigmatiques des siècles passés, ou même des poètes de la première moitié de ce siècle : sous les investigations des successeurs de Champollion elle a livré ses secrets, et non pas sur un seul sujet, mais sur tout ce qui se rattache à la vie d'un grand peuple ; car le peuple égyptien fut vraiment grand, si son territoire fut petit.

On est beaucoup trop habitué en France à croire que tout dans notre civilisation dérive de la civilisation grecque et romaine : je connais beaucoup d'esprits excellents qui, — j'allais dire se signent, devant les attaques qui commencent à pleuvoir sur les auteurs grecs en ce qui concerne l'Egypte, comme s'il s'agissait de chasser un esprit mauvais, — disons simplement qui regardent comme un téméraire quiconque tente d'établir qu'à une époque où la Grèce n'existait pas encore, je veux dire où elle n'avait pas encore reçu les populations qui la constituèrent définitivement, l'Égypte en était déjà à son déclin. Et cependant nous n'avons qu'à prêter l'oreille aux grands écrivains grecs, aux sages, aux législateurs, pour entendre que les plus grands d'entre eux se glorifient d'avoir visité l'Egypte, d'avoir étudié sous ses prêtres et d'avoir rapporté dans leur pays le fruit de leurs enseignements. Ils se faisaient eux-mêmes honneur d'avoir été puiser leur science ou leurs idées dans les écoles les plus célèbres de l'Egypte, et nous, nous refusons de croire que la Grèce doit quelque chose à l'Égypte.

Sur le terrain particulier que nous devons parcourir ensemble, nous verrons, j'espère, que la Grèce dut encore beaucoup à l'Egypte, et que nous-mêmes, vivants du XIXe siècle, nous croyons encore ce que les penseurs égyptiens avaient déjà vu quatorze siècles avant notre ère. Aussi bien les Égyptiens étaient des hommes ; leurs conquêtes dans tous les champs de la science et de la pensée étaient des conquêtes humaines et devaient concourir au progrès humain. Au temps de sa grande puissance, elle ferma ses portes aux étrangers ; mais, quand le temps de la décadence arriva, les barbares étrangers qu'elle avait si dédaigneusement chassés de son territoire vinrent s'offrir en mercenaires pour la défendre : comme toujours les mercenaires furent suivis des voyageurs attirés par la réputation des magnificences que l'Égypte renfermait, les voyageurs amenèrent les savants, les sages, les philosophes, et les prêtres égyptiens furent conduits, presque malgré eux, à leur faire part de la sagesse amoncelée pendant des siècles, et c'est ainsi que se fit la diffusion des idées égyptiennes.

Il semblerait d'après ce tableau, légèrement tracé, que tout est beau dans l'Égypte : rassurez-vous ; l'Égypte étant une terre habitée par des hommes n'a pas échappé à la loi constante du progrès. L'Égypte n'est pas la terre immuable que nous ont chantée les poètes : c'est au contraire une terre qui a beaucoup marché dans les voies du progrès, qui est arrivée assez vite à une perfection de civilisation très remarquable et qui, l'ayant atteinte, comme elle ne renfermait pas en elle d'éléments rénovateurs, est tombée au bout du sillon qu'elle avait tracé : c'est vous dire qu'elle est partie de bien bas.

C'est ce progrès constant que je voudrais vous faire toucher du doigt dans cette conférence, en me tenant uniquement sur le terrain qui a réuni, contre l'athéisme, tant de talents et tant de notoriétés. Je voudrais vous faire voir comment l'esprit humain laissé à ses propres forces est parvenu à créer l'idée d'un Dieu, non pas d'un Dieu mortel, passible, ayant toutes les infirmités humaines et participant plus de l'homme que du Dieu, mais un Dieu déjà élevé au-dessus de la matière, doué de presque toutes les perfections que nos philosophes déclarent aujourd'hui être de l'essence de la divinité, si bien que les philosophes grecs n'auront plus qu'à coordonner ensemble les idées éparses dans les œuvres égyptiennes pour en tirer leur système de théodicée naturelle. Avant d'en arriver à cette splendide notion de la divinité, il nous faudra du courage, car je vous ferai assister à un état de choses bien éloigné des spéculations philosophiques, où nous verrons l'Égypte engagée dans la voie du fétichisme le plus grossier, comme aujourd'hui les peuplades du centre de l'Afrique, livrée tout entière à un culte qui, s'il ne méritait pas toute l'ironie du poète latin, n'était cependant pas très éloigné de la mériter ; mais ce spectacle, loin de nous faire abaisser l'humanité, doit au contraire la grandir aux yeux de ceux qui réfléchissent et nous faire redire, incessamment la parole célèbre : Quel état et quelétat ; d'un côté la plus dégradante superstition par laquelle ont commencé toutes les sociétés, de l'autre les plus hautes spéculations philosophiques restées jusqu'à ce jour l'honneur de l'esprit humain.

Avant de commencer, Mesdames et Messieurs, cette conférence purement historique, laissez-moi vous dire que je n'ai nullement l'intention de combattre en quoi que ce soit les dogmes des religions actuellement existantes : je veux m'en tenir purement et simplement à l'exposition historique, et si quelqu'une de mes paroles semblait la négation de dogmes respectables, je témoigne d'avance que rien n'est plus éloigné de mon intention.

Ceci posé, j'entre de suite en matière.

I

A l'époque où l'Égypte commence d'apparaître aux yeux de l'histoire, elle est déjà constituée en société parfaite, munie de toutes ses articulations, si je puis m'exprimer de la sorte, dont le jeu est aussi libre qu'il le pouvait être dans un temps si reculé, à un moment où les sociétés naissaient ou sortaient à peine du premier âge. Cette époque remonte de 5.000 à 6.000 ans avant Jésus-Christ et le premier Pharaon dont les tables royales d'Égypte aient conservé le souvenir s'appelait Mîna, ou Ménès selon les Grecs. Avant ce premier anneau de la longue chaîne des pharaons égyptiens, les écrivains de l'Égypte n'avaient pu réussir à savoir quels avaient été ses prédécesseurs sur le trône de l'Égypte, et ils avaient comblé les lacunes qui existaient par deux dynasties qu'ils nommaient divines. Ces deux dynasties s'étaient succédé l'une à l'autre, mais sans être pareilles ni de nom, ni d'action : l'une était composée de dieux, l'autre de demi-dieux ou de héros. La première se contenta de régner après avoir commencé et achevé la création, jusqu'au moment où Osiris parcourt la terre, la soumet et la fait avancer dans les voies de la civilisation. La seconde, celle des héros ou demi-dieux, s'occupe de conserver les conquêtes faites par Osiris dans tous les champs de la civilisation.

C'est ainsi que tous les peuples ont commencé leur histoire par une série plus ou moins grande de divinités et de héros, qui remplissent la période où l'humanité était encore inconsciente d'elle-même et où elle ne pouvait garder le souvenir de ses actions pour le transmettre à la postérité.

La première de ces dynasties divines avait à sa tête le dieu Petah dont les Grecs firent Héphaistos : ce fut sous son règne qu'eut lieu la création de la terre et du genre humain, création qui n'était pas achevée au moment où arriva sa mort, car les dieux de l'Égypte mouraient comme de simples mortels ; sous le Dieu Râ, qui lui succéda, le ciel n'avait pas encore suspendu sa voûte sur les têtes des habitants de la terre, quoique nous ne puissions pas comprendre comment la chose pouvait se faire, mais il faut croire que les Égyptiens la comprenaient ou se figuraient la comprendre ; il était resté plat, terre à terre, et le Dieu Râ, vers la fin de sa longue vie é'ant devenu courbé, comme la bouche lui grelottait, que la bave ruisselait vers la terre et que la salive sortant de sa bouche dégouttait sur le sol, les hommes, qui n'ont jamais eu de goût pour la décrépitude, se révoltèrent contre un pareil dieu qui voulut se venger et qui en détruisit une partie par le feu.

Voilà comment les Égyptiens devenus civilisés racontaient la partie nébuleuse de l'histoire humaine et par conséquent de leur propre histoire ; ils avaient conservé le souvenir de cette époque première où l'homme avait, tout comme ils le firent plus tard, essayé de trouver la solution des questions difficiles à résoudre qui se posent devant lui, sollicitant son attention.

En effet, l'homme une fois paru sur la terre, se trouva seul ou presque seul en face d'ennemis puissants qui cherchaient à le dévorer. De quelque force qu'on le suppose doué originairement, il est trop évident qu'il était inférieur à certains autres habitants de la terre, qui sont encore restés jusqu'à ce jour la terreur des peuplades sauvages. Et sans parler des monstrueux animaux que nous ont révélés les études paléontologiques, l'homme en face de certains animaux qui subsistent encore, comme le lion, le tigre, l'ours, pour n'en citer que quelques-uns, est réduit à l'impuissance matérielle, s'il veut lutter corps à corps : il est obligé de ruser ou de s'armer, ce qui est tout un primitivement. Dans les immenses forêts qui servirent d'abord d'abri à la race humaine, les hommes furent témoins des phénomènes les plus extraordinaires pour eux : la pluie, la tempête, le vent, la foudre à chaque instant venaient les remplir de terreur : tous ces phénomènes préoccupaient à la fois leur attention, et, bon gré mal gré, il fallait se soumettre à ce qui leur paraissait une série de puissances occultes. Et ce n'est pas seulement pour les phénomènes divers de l'atmosphère qu'il en était ainsi, les phénomènes purement terrestres les épouvantaient également. Ils durent d'abord s'y soumettre passivement, n'ayant aucun moyen de les combattre et d'y échapper ; mais un beau jour, quelqu'un chercha à en connaître la nature, non pas la nature intime et réelle, car nous n'en connaissons nous-mêmes qu'une petite partie après tant de siècles écoulés, mais on cherchait à connaître par le moyen de leur nature vraie ou fictive le moyen autrement important de leur échapper : la raison humaine, quelque faible qu'elle fût alors, s'affirmait déjà et voulait une explication. La première explication donnée fut que tous ces phénomènes étaient produits par des forces supérieures à celles de l'homme, les unes pouvant être favorables à l'espèce humaine, les autres devant toujours rester ses ennemies. Que faire dès lors, sinon s'efforcer de maintenir les premières dans cet état de bonne volonté et de se rendre les autres propices. Pour arriver à l'une et l'autre de ces deux fins, il fallait un intermédiaire entre ces puissances et cette faiblesse. L'intermédiaire devait à la fois participer à la nature qui avait besoin de secours et être plus élevé, plus puissant qu'elle, afin de servir de trait d'union entre les deux. Cet intermédiaire ne fut point long à trouver : les diverses familles humaines n'avaient point tardé à comprendre que leur groupement les servirait admirablement contre leurs ennemis, que la réunion de leurs faiblesses particulières pourrait atteindre une certaine somme de forces générales, et elles furent ainsi amenées à s'associer les unes aux autres. Toute société comporte nécessairement certains règlements primitifs, auxquels il est impossible d'échapper sous peine de détruire la société fondée. Elle doit tout d'abord avoir un chef, et elle en eut un ; c'est ce chef qui, tout naturellement, servit d'intermédiaire entre les hommes qui reconnaissaient son autorité et les puissances. Aussi chez tous les peuples, si haut qu'on puisse remonter dans leur histoire, on trouve à la base de toute histoire les deux dignités réunies sur la tête d'un seul homme : le roi ou le chef de la tribu était en même temps le grand prêtre dans les rapports que les hommes devaient avoir avec les puissances supérieures qu'ils redoutaient sans les connaître. A notre époque, cette idée n'est pas encore complétement détruite, je ne dis pas chez les peuplades sauvages où elle subsiste toujours, mais chez les peuples de l'Europe : le tsar de Russie n'est-il pas en effet le premier chef religieux dans son empire, pour ne citer que lui ?

Ah ! Messieurs, ne méprisons point ces humbles commencements de la religion, car c'est bien de la religion qu'il s'agit et de la manière dont elle s'affirme. La raison humaine me semble plus admirable dans ces obscurs commencements, dans son inconscient effort vers la vérité, que dans le déploiement immense de ses forces actuelles. Sans ces timides balbutiements de la langue religieuse, nous serions restés encore dans la barbarie originelle. Il faut les saluer et leur témoigner le plus profond respect, puisqu'ils sont la cause des progrès indéfinis de l'esprit humain.

Cette théorie de la religion naissante vous semble peut-être une de ces théories faites à loisir, auxquelles on soumet ensuite les faits au gré de son caprice ; non, Messieurs, il n'en est point ainsi et l'Égypte va nous en fournir la preuve. Les légendes que j'ai citées tout à l'heure vous montrent que l'esprit humain s'inquiétait de savoir comment l'homme était venu sur la terre, comment s'était faite toute cette création qui l'entourait. Assurément, la réponse trouvée d'abord à ces difficiles questions n'est pas merveilleuse ; mais les solutions que nous avons trouvées après tant de siècles, ne sont pas beaucoup différentes, aucune ne peut prétendre à la vérité absolue et nous n'avons pas le droit d'être si fiers. Quand même quelques rares esprits auraient saisi la vérité absolue, la grande masse humaine en est presque au même point que les anciens Égyptiens : on a voilé l'inanité du fond sous des couleurs poétiques, sous de magnifiques images, sous des aperçus philosophiques transcendants ; mais la question n'a guère fait de pas en avant.

Quand l'Égypte commença d'être peuplée, quand surtout la civilisation matérielle fut arrivée à un certain degré de perfection, je ne peux dire à quelle époque, chaque village avait ses dieux ou son dieu, chaque division territoriale avait aussi son dieu supérieur qui devait être reconnu par le nome tout entier, qui lui donnait son nom. Or quels sont ces noms ? Je ne vous les citerai pas tous, mais je vous en citerai assez pour que vous puissiez voir avec moi quel fut l'un de ces bégaiements de religion dont je parlais tout à l'heure. L'un se nomme le nome du chacal, parce qu'on y rendait un culte à cet animal ; l'autre se nommait le nome de la gazelle, celui-ci le nome du lièvre, celui-là le nome du crocodile, cet autre descend encore plus bas dans l'échelle de la vie : on l'appelait du nom d'un arbre, le nome de l'Iotef supérieur, comme de l'Iotef inférieur. Je pourrais ajouter les noms de la Perche, de l'Oxyrhinque et d'autres encore à ceux des noms d'animaux que les premiers Égyptiens prirent comme dieux. Qu'est-ce à dire ? Avaient-ils donc été frappés des qualités de force ou de puissance du lièvre, de la gazelle, de la perche ou de l'oxyrhinque ? Évidemment non ; mais ils avaient été frappés de certaines autres qualités qu'ils avaient cru remarquer dans la vie de ces animaux ; ces qualités leur avaient paru inexplicables, partant pleines de mystères, et ils avaient élevé ces humbles créatures au rang supérieur de divinités. Et de peur que nous ne puissions dire que c'est là une simple allégorie de la pensée égyptienne ou un jeu d'esprit de notre part, voici un fait qui prouve qu'on leur rendait bien un culte comme à de véritables dieux. Quand le petit Pakhôme, à la fin du III⁰ siècle de notre ère, — je parle du grand saint Pakhôme, le fondateur de la vie cénobitique, maintenant sur les autels du christianisme — quand, dis-je, ce petit Pakhôme était encore dans son enfance, dans le nome d'Esneh, au sud de Thèbes, il fut un jour conduit par ses parents à un temple pour y offrir un sacrifice aux dieux du fleuve. L'auteur de la vie de Pakhôme nous assure que, dès que l'enfant parut, ces dieux donnèrent des signes évidents de leur mécontentement à l'égard du petit impie qui était cependant païen et devait le rester longtemps encore, et le prêtre ou chef du temple s'écria : Chassez l'impie, autrement les dieux ne monteront pas. Quels étaient ces dieux qui montaient du fleuve et se faisaient voir aux pieux fidèles, sinon les crocodiles peut-être, mais bien plus sûrement les poissons que l'on trouve dans le pays, la perche qui avait donné son nom en grec à la ville de Latopolis ?

De même, il ne faut pas nous étonner que certains arbres aient été l'objet de culte dans l'Égypte ancienne. Encore aujourd'hui, les femmes du peuple n'ont rien de plus pressé lorsqu'elles ont mal aux dents, que d'aller enfoncer un clou dans tel palmier que l'usage a consacré pour ce remède peu coûteux ? Je ne sais si l'action a une grande efficacité pour les maux de dents, j'en doute même quelque peu ; mais il faut croire que les Égyptiens pensent autrement, puisqu'ils continuent de le faire. De même, il existe au fond d'une gorge sauvage, où les pluies tombées après les formidables orages qui ont lieu dans le désert arabique, ont fini par former un lieu plein d'horreur, naturellement apte à toutes les superstitions, une source près de laquelle croît un palmier. Cette source reçoit en plus par de petit conduits l'eau qui filtre à travers la paroi de la montagne : si, avec une petite feuille de palmier, on réussit à capter l'eau et à lui faire parcourir tout le long de la palme dans le petit conduit que forme la côte de la palme, alors on peut être sûr de la fidélité conjugale de son époux ou de son épouse : ce lieu plein d'horreur est fréquenté par nombre de pélerins et a toujours été en Égypte un rendez-vous de chasse.

Vous le voyez, Messieurs, cette religion égyptienne dont on parle tant sans la connaître, a commencé par être une religion fétichiste, aussi grossière que celle des nègres du Soudan, ou de l'intérieur de l'Afrique en général. Aussi ne devez-vous point vous étonner qu'on trouve dans les actions les plus ordinaires comme les plus importantes de la vie du peuple égyptien, les superstitions les plus grossières comme élément déterminant, et que les prêtres eussent dressé un calendrier des jours fastes et néfastes, lequel régloit ce qu'il était permis de faire, ce qu'il était au contraire défendu d'entreprendre à certains jours et même à certaines parties du jour. Chaque jour était divisé en trois parties, dont l'une pouvait être mauvaise et deux bonnes et vice versa ; quelquefois les trois parties étaient bonnes, mais plus souvent les trois parties étaient mauvaises. On avait rattaché ces malheurs ou ces bonheurs du jour à des phases de la lutte d'Osiris contre Set, l'adversaire de l'Être bon, qui n'est autre que le Satan des Juifs et notre Satan à nous aussi, ou à certains épisodes des querelles qui avaient éclaté entre les dieux, le jour par exemple où la déesse Isis se mit en grande colère contre le dieu Râ. Celui qui naissait en ce jour était prédestiné à une vie malheureuse ; rien ne pouvait le soustraire au triste sort qui lui avait été décrété. En tel autre jour, il était défendu de s'aventurer hors de sa maison, car la terre était livrée aux puissances mauvaises et malheur alors à celui qui les eût rencontrées sur son chemin.

L'exagération de ces préceptes éclate d'elle-même aux

yeux les moins réfléchis, et l'on ne peut s'empêcher de penser que si les Égyptiens les eussent pris et observés à la lettre, l'Egypte n'eût pas été un pays habitable ; mais qui pourrait dire jusqu'où alla la patience de l'homme soumis au joug de ses superstitions ? Sans doute, aux époques les plus récentes de l'histoire d'Égypte, de telles doctrines laissent trop percer le bout de l'oreille de ceux qui avaient intérêt à tenir le genre humain dans l'abrutissement ; mais qui pourrait assurer que dans le principe ceux qui donnaient ces recettes n'y attachaient pas autant de foi que ceux qui en usaient ?

De fait les Égyptiens se croyaient entourés d'ennemis auxquels ils ne pouvaient échapper qu'en prenant les précautions les plus minutieuses : les maladies étaient l'effet de la malignité des esprits, de l'envoûtement, des revenants nombreux qui, n'ayant point à manger dans leurs tombeaux, parcouraient les déserts et les lieux habités, à la recherche des immondices, des détritus de toute sorte sur lesquels ils se jetaient avec furie ; jugez quelle bonne aubaine c'était pour eux de rencontrer une personne vivante, non munie de tous les talismans, amulettes, phylactères, formules magiques pouvant les écarter ! ils avaient bientôt fait de lui sucer le sang comme des vampires. Aussi nous avons des papyrus magiques et médicinaux tout remplis de remèdes et de formules propres à conjurer le mal : la plupart du temps les recettes médicales étaient inoffensives, mais la formule magique avait autrement de puissance ; si elles étaient bonnes quelquefois, le patient avait bien plus de confiance dans la formule que dans la recette. L'important c'était de bien réciter la formule avec toutes les intonations de voix, de bien exécuter les diverses prescriptions magiques quelquefois assez difficiles et quelque peu contradictoires : aussi n'était-il pas étonnant que les pauvres malades succombassent à la maladie, ou aux esprits mauvais, car, règle générale, toute maladie était produite par un esprit, et non pas seulement certaines maladies qu'on prit l'habitude de dénommer par la suite du nom de possession démoniaque.

Dans la vie ordinaire, l'Égyptien ne pouvait traverser le Nil, sans réciter la formule qui le gardait du crocodile ; marcher sur la terre, être dans ses champs occupé à ses divers travaux, sans être muni des paroles qui le défendaient contre le serpent. S'il bâtissait une maison, il devait tout d'abord asperger du sang d'un bouc la terre où il allait construire ; la première pelletée de terre qu'il retirait pour poser les premières pierres était destinée à couvrir le pied d'un arbre qu'on plantait en même temps qu'on élevait la maison. On avait grand soin, et on a encore grand soin, de réserver deux trous dans les murs pour y placer deux couleuvres qui devaient habiter avec les hommes. Le sang de ce bouc rendait le sol pur et le soustrayait à toute puissance occulte et mauvaise ; les serpents, comme l'arbre, protégeaient la maison. Si ce n'était pas assez, on avait la facilité de suspendre aux portes ou aux murs les têtes de ses ennemis, les bucrânes des victimes égorgées, de mettre au-dessus du linteau de la porte des mots de magie, d'asperger sa maison, matin et soir, du jus de certaines herbes.

Les temples se fondaient de la même façon : il était inutile de les commencer un autre jour que le sixième jour du mois, le roi devait labourer la terre dans toute son enceinte et la parsemer de sable rouge, mouler une brique, tasser les premiers matériaux et finalement arroser le sol du sang d'un oiseau dont il avait eu soin d'abord de couper la tête. Primitivement même, c'était le sang d'une victime humaine que les dieux et la félicité du temple exigeaient.

Vous le voyez, Messieurs, dans cette Égypte peuplée par une race naturellement douce, arrivée de bonne heure à une civilisation très avancée, les sacrifices humains fleurirent comme chez tous les autres peuples. Si nous en croyons les œuvres coptes ils continuèrent jusqu'au IVe siècle de notre ère ; si nous ajoutons foi aux historiens arabes, le conquérant de l'Égypte, 'Amr, fut obligé d'interdire de jeter au Nil sa fiancée. La coutume s'était en effet perpétuée d'offrir au dieu Nil, au fécondateur de l'Égypte, une jeune fille pompeusement parée et de la précipiter dans les flots, afin d'obtenir une heureuse inondation : le conquérant arabe réussit à faire abroger cette coutume, mais il dut en laisser au moins le simulacre et ce simulacre est celui-ci : on élève un peu en dessous de la digue qu'il faut ouvrir quand les eaux sont assez hautes une petite pyramide en terre qu'on appelle la fiancée du Nil, et les eaux l'emportent comme elles emportaient autrefois la malheureuse jeune fille qui était choisie pour partager la couche funèbre du dieu. Au temps de la XVIIIe dynastie, environ 17 ou 18 siècles avant notre ère, le roi Aménophis III fit ramasser les mains de tous les morts d'une bataille et les fit clouer sur les murs de Thèbes pour les y suspendre et protéger la ville : il se vante lui-même de ce fait, comme de l'une des actions les plus méritoires qu'il ait faites en sa vie, sur une stèle connue dans la science sous le nom de stèle d'Amada.

Si l'on voulait faire un sacrifice pour protéger l'Égypte, le roi récitait une incantation contre le serpent Apophis ; si l'on voulait que le ciel restât pur, on brûlait trois fois par jour, le matin, à midi et le soir, une statue de cire représentant ce même Apophis et, détail que l'on ne devait pas négliger, ayant le nom du serpent écrit sur elle ; si l'on voulait s'assurer la victoire, le roi buvait un mélange d'eau et de vin, à l'imitation du dieu Horus qui avait bu le sang de ses adversaires.

Dans la vie sociale, la superstition dominait toutes les actions : je ne vous citerai qu'un exemple, la peur du mauvais œil. Pour détourner le mauvais œil, les mères égyptiennes laissent encore leurs enfants dans la saleté la plus immonde, afin qu'on ne puisse dire qu'ils sont beaux ni leur porter envie ; certains bouchers du Caire n'étalent jamais leur viande afin qu'un passant ne leur jette pas un œil d'envie qui la rendrait mauvaise pour ceux qui doivent la manger, et pourrait être la cause d'une longue suite de maux. Quand les femmes se regardent dans un miroir, elles prononcent certaines paroles afin de ne point se fasciner elles-mêmes.

Ce dernier fait vous paraîtra le comble de la superstition. Mais, Messieurs, ne méprisons point ces populations humaines des premiers temps et rappelons-nous que, dans un pays voisin, la terreur du mauvais œil, de la *jettatura* si vous préférez, est encore dominante dans la plus grande partie de la société, et même en France, si vous voulez pénétrer dans le fond des campagnes, vous entendrez trop souvent parler des sorts, des maléfices, des sortiléges auxquels nos paysans se croient en butte, et, si vous lisez les journaux, l'écho des procès intentés à cette occasion vous redira combien est encore puissante la superstition au XIXe siècle chez l'une des nations les plus éclairées du globe. Comment donc nous étonner de la vogue qu'ont encore en Égypte les devins, les incantateurs, les ariologues de toute sorte que vous trouvez installés le long des maisons, dans toutes les rues et offrant de vous prédire l'avenir au moyen du sable, de coquillages, de petits cailloux ou qui vous trouveront votre sort écrit dans les livres ? Comment s'étonner que dans l'ancienne Égypte toutes les superstitions de l'Égypte moderne aient été en plein épanouissement ? La nature humaine est toujours la même, et ce n'est pas du mépris que nous devons avoir pour ces malheureuses gens, c'est un profond sentiment de commisération pour ces pauvres sujets de la cruelle superstition et un sentiment d'admiration vraie pour les efforts qui furent alors tentés inconsciemment pour tirer le genre humain de ce cloaque de croyances honteuses, menant aux actions sanguinaires et indignes de l'homme, de ces actes qui, pour protéger une partie de la race humaine, sacrifiaient l'autre à des dieux cruels et sanguinaires que l'homme s'était, dans son ignorance, donnés à lui-même et qu'il tenait à honneur de léguer à sa postérité.

Je pourrais, Mesdames et Messieurs, ajouter un grand nombre de traits à ce tableau incomplet ; ce que je dirais ne vous prouverait pas plus clairement, je crois, quel fut l'abîme profond où se trouvèrent les premières générations humaines ; il vaut mieux, pour nous, nous en tenir là et contempler les premiers efforts de la conscience pour sortir de ces idées qui en étaient presque la négation ou qui, du moins, dénotent une conscience encore enfantine et se cherchant elle-même pour s'affirmer et croire en son existence.

II

La période dont je viens de vous esquisser la religion vous a montré, j'espère, quelle idée les hommes se faisaient alors de la divinité. Comme vous l'avez vu aussi, ces idées une fois admises par le peuple égyptien, restèrent attachées à sa fortune comme une tunique de Nessus et elles se retrouvent encore aujourd'hui en partie dans l'Égypte moderne. Elles se sont en quelque sorte stratifiées pour le bas peuple ; mais le bas peuple ne composait qu'une partie de la population égyptienne : les autres parties de cette population cherchèrent le progrès et, il faut le dire, le trouvèrent. Cette diffusion et cet empire de ce que nous nommons aujourd'hui superstition, mais qui fut primitivement l'éveil du sentiment religieux, n'avaient pas pu se faire et se créer tout d'un coup, parce que sur la terre, à cette époque comme à la nôtre, rien ne se fait tout d'un coup et que le progrès est la continuité toujours agissante de causes qu'un grand nombre d'hommes n'observent pas. La société s'était, elle aussi, affermie, composée, assise au milieu de toutes les tribulations qu'elle eut à endurer, car la fraternité humaine n'était alors qu'un mot, si même c'en était un, et la loi impérieuse de la lutte pour vivre dominait le monde entier. Naturellement dans les luttes qui eurent lieu en chaque pays pour s'assurer la prédominance, il y eut des vainqueurs et des vaincus ; naturellement aussi les vaincus s'en prirent à leurs protecteurs qui les avaient mal protégés, et à leurs défenseurs qui les avaient mal défendus. Or, ces protecteurs, ces défenseurs étaient les dieux de la ville ; et si nous en doutions un seul instant, un traité de maximes morales trouvé dans le Sérapéum de Memphis et que l'un des reclus, qui vivaient enfermés dans ce temple, transcrivait ou écrivait à ses moments de loisir, quand le soin de ses multiples procès lui en laissait quelques-uns, nous le dit expressément : les murs de la ville, ce sont ses dieux. Comme ces dieux s'étaient montrés faibles et impuissants, que les dieux des vainqueurs s'étaient aux

contraire montrés forts et puissants, que restait-il à faire sinon
d'accueillir tous les dieux dans un même panthéon, comme
devait le faire Rome, et d'accorder aux nouveaux venus
plus de place et plus d'honneurs. C'est ce qui fut fait. Aussi
des dieux relativement nouveaux se montrent dans le panthéon égyptien ; on abandonna peu à peu les dieux fétiches
pour se hausser vers une religion plus immatérielle.
Les dieux physiques et naturels, si je puis ainsi parler, dispa-
rurent pour faire place à des dieux plus spirituels et plus com-
posites de nature. Il en a été de même dans toutes les religions ; quand les Israélites n'étaient pas contents de Yahvé,
ils s'abandonnaient à d'autres dieux, comme le disent les
livres de l'Ancien Testament, ou pour mieux dire ils passaient
à d'autres dieux plus forts, jusqu'à ce que les invitations des
prophètes les eussent rappelés à leur dieu national. A une
époque plus tardive de l'histoire égyptienne il en fut de même :
le dieu Soutekh, qui n'est autre que le dieu Set, l'antique enne-
mi d'Osiris, avait vaincu les dieux égyptiens et les Pasteurs
avaient conquis l'Égypte ; à partir de ce moment, ce dieu autrefois détesté par les créateurs de la théologie égyptienne
eut rang de cité en Égypte et on lui éleva des temples et des
autels.

Quand ce premier travail se fut fait, comme chaque centre
principal habité en Égypte avait eu ses traditions et ses légendes sur les actes des dieux, sur leur manière de se comporter
vis-à-vis des hommes, sur les divers problèmes qui se rappor-
tent à la vie future et à l'origine de l'homme, on s'occupa de
souder ensemble les divers récits mythologiques de la région
afin de pouvoir arriver à une certaine unité de narration ou
d'exposition, sinon à l'unité proprement dite. On a la preuve
de ce fait dans certains mythes qui semblent se contredire, dans
certaines parties de mythes qui paraissent êtr l'opposé d'autres parties qui sont également comprises dan   rédaction du
même mythe. Or, nous trouvons cet amalgam permettez-moi
ce mot, dès le temps des textes contenus da   es pyramides,
c'est-à-dire dès les Ve et VIe dynasties. A cette   oque l'unifica-

tion des enseignements religieux divers répandus tout au moins dans la basse Egypte était chose faite, et je vous laisse à penser quelle haute, quelle insondable antiquité cette unification suppose dans les doctrines religieuses de l'Egypte !

C'est aussi à cette même époque, sinon a une époque antérieure, qu'il faut faire remonter une conception théologique égyptienne qui vous montrera en action ce que j'ai eu l'honneur de vous dire il n'y a qu'un instant. On s'était peu préoccupé d'abord du sexe des divinités ; ce ne fut que plus tard, peut-être plusieurs siècles, qu'on pensa à réunir ensemble des dieux et des déesses, à les accoupler pour ainsi dire. A mesuré que ces dieux et ces déesses étaient vaincus ou victorieux, on les fit entrer dans les panthéons des cités victorieuses ou vaincues. Mais il fallut bientôt mettre une sorte de hiérarchie entre ces divers dieux, sous peine de ne plus avoir qu'un chaos désordonné. Aussi on en arriva bientôt à limiter le nombre des dieux protecteurs d'une ville à neuf, c'est ce qu'on appelle d'un mot que tous les amateurs de philosophie reconnaitront sans peine, l'*ennéade*. Il y avait des *ennéades* à peu près dans toutes les villes qui exercèrent un moment la suprématie civile et religieuse sur l'Égypte ou sur une partie de l'Égypte. De vous citer les noms, cela importe peu ; cependant je puis vous dire qu'il y en avait une à Héliopolis, une autre à Hermopolis la grande, aujourd'hui Schmoun.

Cette ennéade n'empêcha point de recevoir les autres dieux ; mais alors ces nouveaux dieux n'entrèrent point dans l'ennéade chargée de la défense de la ville, ils ne furent qu'en sous ordre et formèrent ce que les Grecs ont appelé des dieux συνναοι, dieux parédres, dieux assesseurs qui formaient alors une neuvaine de dieux qui pouvait s'allonger indéfiniment. Ces dieux de second ordre ne pouvaient pas se plaindre et ne devaient s'en prendre qu'à eux-mêmes s'ils n'avaient point la première place : pourquoi aussi s'étaient-ils laissé vaincre une première fois par des rivaux plus puissants et plus heureux ?

Ces dieux de la neuvaine ou ennéade n'étaient point en

nombre égal de mâles et de femelles ; il était nécessaire qu'il en fût ainsi, puisque le nombre était impair. Un dieu solitaire dominait donc l'ennéade et nous verrons bientôt le parti que les théologiens égyptiens surent tirer de cette puissance supérieure. Car il ne faut pas nous y tromper, cette ennéade avec son dieu solitaire et puissant est le fruit des conceptions théologiques de l'Égypte et même d'une ville spéciale de l'Égypte, la ville d'Héliopolis, celle où le Phœnix, au rapport d'Hérodote, venait se construire le bûcher sur lequel il se consumait lui-même pour renaître ensuite de ses propres cendres. C'était en effet la ville d'Héliopolis qui avait trouvé la première ce chiffre de neuf dieux ; toutes les autres écoles de théologie en Egypte avaient adopté cette explication qui leur paraissait suffisante de neuf dieux dont ils constituèrent la première des trois dynasties divines qui, avant toute histoire, régnèrent sur l'Egypte. Quand eut lieu cette création théologique ? c'est ce qu'aucun document ne nous apprend. Mais ce qu'on peut voir clairement, c'est que cette neuvaine n'apparaît pas encore bien déterminée dans les textes trouvés dans les pyramides où il est cependant fait allusion à plusieurs de ses membres ; elle dut, vers cette époque, se constituer définitivement avec ses déesses particulières, et avant la XIᵉ dynastie c'est-à-dire entre le XXXᵉ ou le XXVᵉ siècle avant Jésus-Christ, les villes de Memphis, de Thèbes pour ne citer que les plus importantes, avaient adopté l'ennéade héliopolitaine, sauf le premier dieu, le dieu solitaire, dont elles avaient fait occuper la place par le dieu local.

A cette époque donc l'Egypte avait fait un progrès immense vers la notion du dieu un. Ce n'est pas à dire que tout fut sans mélange dans le chaos des idées égyptiennes, mais la voie à suivre était tracée et l'on pouvait sentir, aux palpitations qui l'agitaient, l'âme qui soulèverait la masse entière : *mens agitat molem.*

Permettez-moi de vous redire encore ici, Messieurs, ce que je vous ai déjà dit tout à l'heure : le peuple restait complètement étranger aux progrès des idées religieuses : il était fidèle à ses fétiches et recourait toujours à eux pour le consoler dans ses peines et le secourir dans ses difficultés. Mais si le peuple restait le même, les prêtres, les savants, les chefs de la société, et c'était tout un, continuaient la marche de l'humanité vers le progrès. Pour qu'il y ait progrès, il faut d'abord que les idées d'où découle l'avancement de l'humanité vers un but toujours meilleur, éclatent dans l'esprit de quelque penseur, loin de la foule, que ce penseur démontre que son idée est féconde, la fasse connaître de ceux qui la peuvent apprécier et lui donne ensuite l'essor auquel elle a droit et la répande par le monde : voyez comment procèdent aujourd'hui les savants qui ont tant fait pour l'avancement de notre civilisation : ils ne font pas autre chose, car la logique de l'esprit humain ne change pas: c'est dans les méditations du cabinet ou du laboratoire qu'ils trouvent en germe l'hypothèse qu'il s'agit ensuite de vérifier par l'expérience ; quand ils se sont prouvé à eux-mêmes qu'ils étaient dans le vrai, ils réunissent les gens qui sont expérimentés dans la science à laquelle s'est dévoué l'inventeur, ils refont l'expérience devant eux, leur prouvent que tout concourt dans la nouvelle découverte à assurer le succès, ou ils la publient dans un livre ; ce n'est qu'alors seulement qu'on peut affronter le grand public pour le faire participer à la découverte, sous la forme d'effets matériels qui contribueront à son bien-être. Il ne saurait s'agir ici de bien-être proprement dit, puisque nous sommes dans le domaine des idées ; mais comme ces idées sont cependant appelées à gouverner le peuple dans ses rapports avec la divinité, elles ont leur contrecoup sur tout le côté matériel de la religion.

Tout d'abord on se préoccupe d'élever, en l'honneur de ces dieux souverains du ciel et de la terre, des temples qui soient dignes de leur grandeur ; dans les sacrifices, on se préoccupe plus qu'on n'avait fait jusqu'alors de leur être agréable par le choix des objets qu'on leur offre et déjà commence l'offrande du lait, du pain, du vin, offrande qui était appelée à devenir la caractéristique de la religion égyptienne à sa dernière période. Ainsi donc deux résultats immédiatement tangibles résultent de ces idées théologiques au premier chef : une poussée immédiate vers l'art sous toutes ses formes, puisque le temple égyptien était orné de sculptures, de peintures, qu'on y chantait des hymnes en l'honneur de la divinité et qu'on y recueillait tout ce qu'il y avait de précieux en mobilier, et secondement un adoucissement graduel des mœurs, auquel le peuple lui-même ne pouvait échapper. C'est ainsi que tout se tient dans l'histoire : rien ne se fait dans ce monde, je le répète, tout d'un coup ; les grands changements sont toujours amenés par une multitude de causes dont le travail latent est sûr jusqu'au moment où ce travail se manifeste, comme les bancs de corail apparaissent aux navigateurs, après avoir été créés en quelque sorte par le travail séculaire des polypiers.

Ces progrès n'empêchèrent point que le sacrifice sanglant continuât d'exister et que même on offrît encore parfois des victimes humaines : quand une idée est une fois admise dans l'Egypte sous une forme ou sous une autre, on peut être à peu près assuré qu'on la retrouvera de même à la fin de l'histoire égyptienne ; mais ces sacrifices tendent à disparaître, le sacrifice humain surtout ne se montrera que dans quelques rares circonstances et, à moins d'une occasion spéciale comme la crue du Nil, question de vie ou de mort pour l'Egypte, on choisira les victimes humaines parmi les étrangers, les prisonniers de guerre, et ce peuple égyptien pourra se reposer, sinon à l'ombre de sa vigne et de son figuier, comme le peuple hébreu, du moins à l'ombre de ses jardins qu'il qualifiait encore à la fin de sa carrière du nom de paradis de Dieu, et le long des digues et des canaux qui lui assuraient une vie abondante, sinon une vie toujours facile. Ce sont là des progrès, Messieurs ; des progrès sans doute de peu de conséquence pour nous, les heureux bénéficiaires des efforts de tant de générations humaines à jamais disparues, mais progrès énorme, incommensurable pour ces lointaines époques où la vérité ne se dévoilait à l'homme qu'au milieu de beaucoup d'erreurs.

Mais l'Egypte n'en est pas restée là. Si le sujet que j'ai l'honneur de traiter devant vous, Messieurs, le demandait, je pour-

rais vous montrer que les idées morales allaient aussi en
s'élevant, que les idées sur la vie future devenaient de plus en
plus rapprochées de celles qui furent la gloire de l'Egypte plus
tard et qui sont demeurées les nôtres ; je pourrais vous citer
des paroles qui, entendues absolument, vous paraîtraient d'hier,
tellement elles sonnent à nos oreilles comme les préceptes
que nous sommes habitués à entendre journellement et sur
lesquels nous avons coutume de régler notre vie ; mais mon
sujet est plus limité et je dois m'y attacher.

L'ennéade ne fut pas le dernier mot de la théologie égyptienne : il y eut dans la suite quelque chose de mieux, je veux
parler de la triade. Longtemps, on a cru que toute la religion
égyptienne s'était résumée dans la triade divine. Ce que je
viens de vous dire vous montrera, ou plutôt vous a déjà montré, qu'il n'en est pas ainsi. On avait voulu aussi, en prenant
certains textes et en les isolant, montrer que la religion égyptienne est une religion tout à fait spiritualiste. Spiritualiste ! la
religion égyptienne l'est devenue en effet, elle l'a même été de
très bonne heure, si l'on veut attacher à ce mot un sens à peine
dégagé de la matière ; mais elle ne l'était pas tout d'abord et
ne l'est devenue que très tard et pour un petit nombre, si on
prend ce mot dans le sens rigoureux qu'on lui attribue aujour-
d'hui. Il serait plus vrai de dire que l'anthropomorphisme a
régné en maître presque absolu dans toute l'Egypte et à toutes
les époques de l'histoire d'Egypte. Et cela se comprend assez
facilement. Comment voulez-vous que l'homme ayant à décrire
la vie de dieu qu'il ne connaît pas, je veux dire la vie, et non
point les dieux, comment voulez-vous, dis-je, que cet homme,
s'il n'est pas un métaphysicien de génie, puisse faire autrement que dire ce qu'il connaît. Or, la première chose que l'esprit égyptien connaît, c'est la vie des hommes d'Egypte. Aussi
a-t-il formé tous ses dieux, à mesure qu'il les purifiait de la
souillure des origines, à la manière des hommes, les faisant
agir comme agissaient les hommes, leur donnant les habi-
tudes humaines, les pensées humaines, les passions humaines, bonnes ou mauvaises. Les dieux avaient des pieds et

des mains, une bouche, comme les hommes ; comme les hommes encore, ils avaient un odorat, un siège de la vue et de l'ouïe ; ils ne dédaignaient pas de se nourrir comme de simples mortels, et d'avoir des enfants comme de simples humains. Or, c'est ici le point particulier qui doit surtout attirer notre attention, les Egyptiens voyant la famille humaine et voulant en appliquer la théorie à la nature divine, usèrent de cette faculté philosophique nommée abstraction : des réalités concrètes qui les entouraient, je veux dire des familles nombreuses qu'ils avaient sous les yeux, ils purent extraire une famille en quelque sorte idéale, qui résumait en elle les principes consécutifs de la famille humaine avec leur produit et créèrent ainsi la triade divine, composée du principe actif, du principe passif et du produit de ces deux principes, c'est-à-dire du père, de la mère et du fils. Au rebours de l'ennéade qui avait pris naissance dans la Basse-Egypte à Héliopolis, la triade semble être née à Thèbes au temps de la puissance de cette ville. Toutes les autres villes ont eu ensuite leur triade et pour cela ont quelque peu disloqué leur ennéade ; mais la ville de Thèbes resta comme celle qui la première, avait compris le rôle religieux de ces triades, qu'on avait d'abord voulu voir seules dans la religion de l'Egypte. En effet, elle est composée d'un dieu dont le nom est synonyme de mystère, car il signifie *celui qui est caché*, d'une déesse qui n'a pas d'existence réelle et qui a été donnée comme épouse au dieu Amon uniquement parce que son nom signille la mère, Maout, et enfin d'un dieu enfant nommé Khonsou. La manière dont est constituée cette triade presque abstraite est le dernier terme de l'évolution religieuse de l'Egypte. La pensée de ses philosophes n'alla jamais plus loin dans ce sens, et il ne faut pas nous en étonner puisque la Trinité chrétienne ressemble beaucoup à la triade égyptienne.

Sans doute, si vous prenez les noms des trois personnes qui constituent la trinité chrétienne, le Père, le Fils et le Saint-Esprit, vous ne trouverez qu'un rapport lointain entre la Trinité et la Triade, entre le Christianisme et l'Egypte ; mais il faut la prendre à son origine. Si vous ouvrez la bible dans le texte hébreu vous voyez en effet que le Père se nomme d'abord Elohim, le Fils a conservé son nom et le Saint-Esprit se nomme *rouah*. Or, le mot hébreux *rouah* est du féminin : la *rouah* jouait le même rôle que la déesse mère dans la théologie égyptienne et de fait, dans les premiers versets de la Genèse, c'est elle qui étendait ses ailes sur les eaux primordiales comme la mère couveuse étend ses ailes sur les œufs dont doivent sortir les êtres qui continueront sa race. J'entends bien que les idées primitives se sont si bien altérées dans la suite des siècles qu'elles sont devenues méconnaissables; mais c'est là l'honneur, le grand honneur de l'esprit humain, de commencer par des idées matérielles et de si bien les analyser, les transformer, qu'elles deviennent des idées spirituelles. Le christianisme primitif fut le héraut de ces idées ; la culture grecque est venue ensuite qui a répandu sur ces idées sa philosophie transcendante et les a fait adopter de l'univers alors civilisé. C'est ainsi qu'elles nous sont parvenues après être nées en Egypte, à peine reconnaissables sous leur habit d'emprunt, mais au fond identiquement les mêmes.

L'Egypte a eu ainsi l'honneur de précéder tous les autres peuples dans la formation d'une théorie religieuse appelée à jouir d'un tel succès qu'elle est encore vivante et qu'elle semble bien devoir l'être longtemps encore. Mais viendrait-elle à s'éclipser que la notion de Dieu lui survivrait, car l'idée de Dieu est indépendante de celle de Trinité ou de Triade. Les Egyptiens ont eu aussi cette idée de Dieu indépendamment de la Triade divine ; non seulement ils l'ont eue, mais ils l'ont creusée et si bien creusée que leur enseignement est resté le fond de toutes les doctrines philosophiques, et c'est ce que nous allons voir ensemble dans la dernière partie de cette conférence.

III

A côté de ces spéculations transcendantes de l'école théologique, il y avait ce que j'appellerai les méditations philosophiques s'exerçant sur l'idée de Dieu, sa nature, ses attributs et son unité. Tous les esprits en Egypte n'obéissaient pas en effet à un même courant d'opinion et les voyageurs grecs nous apprennent, ce qui d'ailleurs a été confirmé par les monuments, que les enseignements des divers centres religieux différaient entre eux sur beaucoup de questions.

Il nous reste sur cette belle question de l'existence de Dieu, sur ses attributs, sa science intime, de beaux hymnes que la science moderne a réussi à expliquer et dont je vais m'efforcer de vous faire connaître les données.

L'Egypte n'a jamais mis en question l'existence de Dieu ou des dieux : vous avez dû voir, par ce que je vous ai déjà dit, que, bien loin d'être portée à nier l'existence d'un être supérieur quelconque, l'Egypte au contraire avait été tout naturellement portée à reconnaître dans les êtres les plus inférieurs des qualités surhumaines, d'après ce besoin qu'ont éprouvé tous les hommes d'expliquer ce qu'ils ne pouvaient comprendre et ce dont ils ne pouvaient se rendre compte en le mettant au compte d'agents supérieurs dont ils ignorent la nature et dont ils ne savaient qu'une chose, à savoir qu'ils pouvaient lui faire beaucoup de bien et beaucoup de mal. Quand les Egyptiens eurent commencé de comprendre combien était vaine et fausse cette prétendue théorie explicative, quand ils eurent réfléchi aux problèmes qui se posent à l'homme, ils inventèrent des explications mythiques souvent contradictoires les unes avec les autres et qu'ils finirent par amalgamer ensemble tant bien que mal. Les dieux nouveaux étaient faits à l'image de l'homme ; mais les actions qu'on leur prêtait dépassent de beaucoup les forces humaines. Ainsi furent expliquées la création, la séparation de la terre d'avec le ciel, les phénomènes de la cause diurne du soleil, et l'apparition nocturne des astres que le soleil nous voile pendant le jour. La religion égyptienne était arrivée par la pente naturelle de l'esprit humain au polythéisme. Il devait aller plus loin.

Le polythéisme étant jugé insuffisant pour expliquer la nature, deux routes s'accusent devant les réflexions des sages, ou le panthéisme, ou le monothéisme ; il n'y a pas d'autre solution possible, puisque tout d'abord l'athéisme est écarté. Or, les sages Egyptiens s'engagèrent dans cette double voie, et nous allons en retrouver les traces dans les hymnes dont je vous parlais il n'y a qu'un instant, et qui nécessitaient ces explications préliminaires. Ces hymnes sont assez nombreux dans la littérature égyptienne ; ils nous sont tous parvenus sans nom d'auteur comme la plupart des grandes choses de ces temps primitifs et on ne les connaît maintenant que sous les noms des musées auxquels appartiennent les papyrus qui les contiennent. Un d'entre eux est surtout célèbre, celui que l'on désigne sous le nom d'hymne de Boulaq.

L'hymne de Boulaq a une tendance très marquée vers le panthéisme dans certains passages, et encore plus marquée vers le monothéisme dans certains autres. Il a été composé à Thèbes au temps où cette ville avait l'hégémonie de toute l'Egypte, et il est adressé à Amon-Râ, c'est-à-dire au dieu caché et au soleil réunis dans une seule manifestation. Je crois qu'il a primitivement constitué deux hymnes différents l'un adressé à Amon, l'autre à Râ, et que les générations de poètes les ont unis ensemble en leur ajoutant une fin et en répétant les expressions les plus saillantes des deux hymnes.

Voici quelques-unes des strophes qui s'adressent au dieu Amon :

> Générateur unique qui as produit toute chose
> O un qui es seul, toi qui as fait les êtres,
> Les hommes sont sortis de tes yeux
> Et les dieux sont le fruit de ta parole.
> Il a fait les pâturages qui nourrissent le bétail
> Et les plantes nutritives qui nourrissent les hommes ;
> Il a fait que vivent les poissons du fleuve
> Et les oiseaux de l'air, donnant le souffle à qui est dans l'œuf.
> C'est lui qui nourrit les oiseaux des canaux.
> Et qui fait que les oiseaux qui planent dans l'air
> Les insectes rampants et ceux qui volent sont nourris semblablement
> C'est lui qui fait les provisions des rats dans leurs trous
> Et des insectes qui sont enfermés dans un bois.

Hommage à toi, auteur des formes en totalité,
Un qui es seul et dont les noms sont nombreux
Qui veilles sur les hommes qui reposent
Et qui recherches le bien de ses créatures,
Dieu Amon qui maintiens toute chose

Hommage à toi par toutes les créatures
Acclamation à toi en toute région,
Jusqu'à la hauteur du ciel, jusque dans la largeur de la terre
Jusque dans la profondeur de la mer
Les dieux courbés devant ta Majesté
Exaltent les âmes de leur producteur ;
Joyeux de la station de celui qui les a engendrés
Ils te disent : Viens en paix, ô père des pères, auteur des dieux
Qui as suspendu le ciel et refoulé la terre
Auteur des choses, producteur des êtres,
Prince suprême, chef des dieux
Nous adorons tes esprits, tel que tu nous as faits
Car tu as agi en nous et fait tout
Et nous te donnons des acclamations parce que tu demeure en nous.

Voici maintenant ce qui regarde le dieu Râ, ou le soleil.

Hommage à toi, soleil, maître de la vérité
Le mystérieux de la chapelle, maître des dieux ;
Khepra dans sa barque ;
Si tu émets ton verbe, les dieux existent ;
Tu es Toum le père des humains ;
C'est toi qui détermines leur manière d'être et qui as fait leur existence
C'est toi qui distingues les nations les unes des autres,
C'est toi qui exauces la prière de celui qui est dans l'oppression,
Tu es doué de cœur pour celui qui crie vers toi :
Tu délivres le timide de l'audacieux
Et tu juges le puissant avec le malheureux.
Maître du principe bienfaisant, sa parole est une nourriture :
Le Nil est venu ensuite de son amour ;
Maître de la palme, grand de l'amour
Il est venu pour nourrir les humains.
Il donne le mouvement à toute chose :
En agissant dans l'abîme primordial, il a produit les délices de la
[lumière,
Aussi les dieux se réjouissent de sa beauté
Et leurs cœurs vivent lorsqu'ils le voient.

Si je ne me trompe, Mesdames et Messieurs, voilà en général de nobles et grandes paroles, que tout le monde ici pourrait répéter sans crainte d'être taxé d'hérésie par qui que ce soit, car elles expriment parfaitement les croyances actuelles de l'humanité presque entière, sauf sur un point sur lequel je reviendrai tout à l'heure. Je pourrais vous traduire l'hymne de Berlin, et vous ne trouveriez pas grand changement ; il en serait de même de l'hymne curieux que le roi Aménophis IV, qui avait abandonné le dieu Amon, pour adorer le soleil spécialement, avait fait chanter dans la ville qu'il avait fondée et qui a été gravé dans les tombeaux de cette cité. Mais cela m'entrainerait beaucoup trop loin et je dois veiller à ne pas fatiguer votre attention. Je me contenterai donc des paroles que je vous ai citées.

Sans doute, le poète qui a donné à cet hymne sa dernière forme, connaissait parfaitement la triade thébaine qui plaçait à sa tête, comme principe actif, le dieu Amon, et la triade Héliopolitaine qui avait dans ce rôle le dieu Râ, ou le dieu soleil. Mais il est évident aussi qu'il n'a pas un seul moment songé à le doter d'une épouse ou d'un fils, qu'il l'a pris en lui-même et qu'il a célébré les grandeurs d'Amon et les grandeurs de Râ réunis dans le seul Amon-Râ. C'était pour lui le dieu unique. Ce qu'il exprime d'une manière frappante qui ne saurait laisser place à aucune équivoque en disant que le Dieu Amon est *un* de *un*. Le monothéisme ne saurait être affirmé en termes plus formels et ce Dieu unique, Amon-Râ, que le poète voyait ainsi *un* de *un* avait tous les attributs que nous reconnaissons actuellement à la divinité.

Il s'était produit de lui-même, si l'on peut ainsi parler, et c'est ce que la théologie chrétienne regarde comme l'attribut constitutif de la divinité, ce qu'elle appelle l'*aséité*, c'est-à-dire l'existence par nulle autre cause que par soi.

Cet être qui s'était produit lui-même avait par son seul verbe produit les dieux, c'est-à-dire nécessairement les génies en sous-ordre dont les Egyptiens avaient fait autant de dieux en leur attribuant une puissance qu'ils n'avaient pas. Cet être unique avait également créé tous les êtres et toutes les choses, depuis l'homme jusqu'à la plus humble plante, jusqu'aux matières que nous appelons inanimées. Et non seulement il avait tout créé, mais encore il prenait soin de tout conserver, de tout nourrir par amour pour sa créature, jusqu'à s'occuper d'approvisionner les rats dans leurs trous et tous les insectes qui rongent le bois. Il veille sur tout,

> Aux petits des oiseaux, il donne la pâture
> Et sa bonté s'étend sur toute la nature.

Ces deux vers célèbres résument admirablement les idées du poète égyptien. Et non seulement encore il s'occupe du côté matériel de l'existence, mais il s'occupe surtout de tendre l'oreille aux prières des malheureux, aux victimes de l'injustice, et c'est lui qui sera le juge entre l'opprimé et le puissant. Dans un conte populaire, il est question de la triade, ou plutôt de l'ennéade divine, qui parcourt l'Egypte pour redresser ses torts. Vous le voyez, c'est la même idée. Pour redresser ses torts, il fallait être souverainement juste. c'est ce que le texte exprime en disant que le dieu unique était le maître de la vérité. La vérité pour les Egyptiens était double, il y avait la vérité qui correspondait exactement à la réalité, c'est-à-dire que la vérité de la parole n'était que l'exactitude réelle exprimée : aussi son nom s'écrivait-il par la coudée, c'est-à-dire par l'idéogramme des mesures ; il y avait aussi la justice qui n'est autre chose, en dernière analyse, que la vérité appliquée aux actes moraux de l'homme. Mais ce n'était pas assez pour le Dieu suprême d'être maître absolu de la double vérité, c'est-à-dire de la vérité énoncée et de la vérité agie, si je puis ainsi parler, c'est-à-dire de la justice, les poètes égyptiens étaient allés plus loin encore et avaient affirmé que Dieu se nourrissait, vivait de la vérité. Rapprochez cet enseignement de celui d'une partie des Scholastiques disant que la vie de Dieu, c'est l'intellect devin, vous avez parité absolue d'idées, sous deux noms différents.

Tous ces attributs sont exprimés dans le texte que je viens de vous citer ; ceux dont je vais vous parler sont pris au hasard dans les textes égyptiens.

Dieu est infini : son étendue se dilate sans limites ; il est insaisissable : on ne l'appréhende pas par les bras, on ne le saisit point par les mains. Il est incompréhensible, car c'est le prodige des formes sacrées que nul ne peut comprendre. Il commande également à Thébes, à Héliopolis et à Memphis, c'est-à-dire que sa nature est présente partout. On ne saurait le voir et nul œil humain ne peut se flatter de l'avoir vu. Il est tout puissant : ce qui est et ce qui n'est pas dépendent également de lui ou, comme s'exprime un autre texte, ce qui est est dans son poing et ce qui n'est pas est dans son flanc. Surtout c'est un Dieu caché, nul ne le connait, nul ne sait son nom, ou plutôt chacune de ses manifestations porte un nom différent.

Voilà quels sont les attributs du dieu égyptien : ce sont ni plus ni moins les attributs du Dieu chrétien, ceux auxquels la raison humaine peut atteindre et qu'il n'est nul besoin de révélation divine pour lui apprendre à les connaître. Et qu'on ne dise pas que ce sont là des paroles en l'air, paroles, qui n'ont jamais été réunies en un seul corps de doctrines, recueil de phrases qui, détachées du contexte selon le bon plaisir, ont un sens tout différent de celui qu'elles auraient avec le contexte, si on prenait le document tout au long. Quand même ces critiques seraient fondées, et elles ne le sont pas, il n'en resterait pas moins acquis que tel ou tel poète égyptien, à un jour donné, a eu sur la divinité des idées qui ressemblaient singulièrement à celles que les manuels de philosophie enseignent encore aujourd'hui ou que les traités de théologie prouvent tout au long. Mais non seulement ces paroles se trouvent dans les textes égyptiens ; elles ont bien le sens que je leur attribue et elles ont parfaitement bien été réunies en corps de doctrine, car la plupart de ces attributs se trouvent exprimés en termes exprès dans l'hymne de Boulaq. Non pas que je veuille dire que cette doctrine a été connue du vulgaire : j'ai eu moi-même soin de vous prévenir que ce n'était pas le cas ; mais il suffit qu'elle ait été exprimée après avoir été découverte dans des méditations solitaires pour pouvoir affirmer que les sages de l'Egypte connaissaient déjà dix-huit siècles avant notre ère des doctrines que nous trouvons exactement semblables dans les célèbres dialogues de Socrate et que le genre humain dans sa partie la plus civilisée semble avoir adoptés.

Ainsi un Dieu un, un Dieu caché, un Dieu qui ne devait son existence qu'à lui-même, qui vivait de vérité, dont l'être tout entier n'était que vérité, un Dieu créateur, conservateur, juste, juge de tous les hommes, des grands comme des petits, un Dieu infini, incompréhensible, insaisissable, tout-puissant, qui avait même pouvoir sur ce que le moyen âge a appelé les futurs contingents, tel est en dernière analyse le bilan de l'enseignement égyptien. Vienne le Christianisme, il n'aura pas grand'chose à enseigner aux sages de l'Egypte ; mais il aura beaucoup à faire pour tirer le peuple de sa superstition.

J'arrête ici ces considérations historiques. Vous avez vu, Messieurs, d'où était partie l'Egypte et où elle était arrivée : le sort de l'Egypte n'a pas différé en cela du sort général de l'humanité. Jugez maintenant s'il est bon, s'il est juste d'aller répétant partout que l'Egypte était un pays immuable, qu'elle s'est en quelque sorte immobilisée dans ses idées et qu'elle n'a eu aucune influence dans le monde. Ces jugements sont des jugements qui n'ont pour tout mérite que leur ancienneté et leur presque universalité : ce n'est pas suffisant pour être vrai. L'Egypte, au contraire, malgré son isolement volontaire, a exercé la plus grande influence sur le monde, non pas peut-être autant dans la période ancienne que dans la période relativement nouvelle de son existence, à l'époque où elle n'était plus que l'ombre d'elle-même : rappelez-vous l'influence décisive que le concile de Nicée a exercé dans l'orientation de la doctrine chrétienne : *Deum de Deo* ; l'influence de l'Egypte y fut prépondérante par le patriarche Pierre et le diacre Athanase, tous deux originaires de la Basse Egypte et qui avaient pu apprendre de leurs aïeux cette même parole: Dieu, un de un. Ce sont là des coïncidences qui, si elles ne sont que fortuites, n'en sont pas moins extraordinaires. La nation Égyptienne, pas plus que toute autre nation humaine, n'échappa à la grande loi du progrès, non pas du changement comme on le dit trop souvent, mais du progrès véritable qui me semble seul la raison suffisante de la durée d'un peuple : un peuple qui ne progresse plus est appelé à disparaître tôt ou tard, il n'a plus de raison d'être.

Si donc cette idée de Dieu, cachée d'abord et comme couverte du voile épais des superstitions primitives, s'est dégagée peu à peu des ténèbres; si l'Egypte a passé d'abord par l'Ennéade avant d'arriver à la conception de la Triade, et si ensuite cette conception purement théologique a été presque complètement éclipsée par les découvertes de l'esprit dans l'ordre religieux, ne croyez pas, Messieurs et Mesdames, qu'elle n'a progressé que de ce seul côté ; si j'avais à vous montrer quel a été le sort de la moralité égyptienne, vous verriez qu'elle a monté parallèlement à l'idée que l'on se faisait de Dieu. Non pas encore que le peuple fît beaucoup de progrès dans sa conduite ; mais il suffisait que quelque esprit découvrît les principales règles de la morale pour faire progresser peu à peu toute la société dont il faisait partie ; je vous montrerais que la morale partie d'abord de quelques notions vagues nécessaires à toute société qui se fonde, passant ensuite par l'utilitarisme le plus accentué, en arriva finalement à des préceptes qu'on croirait sortis de la loi de Moyse ou du Sermon sur la montagne, alors qu'il n'était pas encore question des Israélites et que rien ne faisait prévoir la prédication galiléenne. Et quelle est la raison première de cette morale progressive à son apogée ? C'est un Dieu qui, comme vous venez de l'entendre, juge également les grands et les petits, les riches et les pauvres, les oppresseurs et les opprimés : en d'autres termes un Dieu qui

> Entend les soupirs de l'humble qu'on outrage
> Juge tous les mortels avec d'égales lois
> Et du haut de son trône interroge les rois.

Et maintenant vous pouvez vous-mêmes tirer la conclusion qui sort naturellement, sans effort, de tout ce que je viens de vous dire, conclusion qui sera tout à la gloire des sages de l'Egypte ancienne, tout à la gloire de l'esprit humain, et, pardonnez-moi de vous avoir si longtemps parlé d'un sujet qui m'est cher, mais qui peut bien n'avoir pas le même intérêt pour tous : si j'ai un peu trop exigé de votre attention, je lui rends sa liberté.

Clermont (Oise). — Imprimerie Daix frères.